A
Retornada

A Retornada

LAURA ERBER

ESPÉCIES

Posso escrever poemas? Por uma espécie de contágio?
Sylvia Plath

ESPÉCIES DE CONTÁGIO

Victor Hugo gostava de desenhar ondas de
ressaca durante a noîte. Na parte inferior
de uma delas escreveu "ma destinée".

Desenhou também as ruínas de Vianden como
um espectro soprando teias de aranha nas nuvens.

Gostava de aranhas e de urtigas "porque
nós as detestamos, porque são flagradas
realizando uma obra."

As imagens significam tudo a princípio. São sólidas. Espaçosas.
Heiner Müller

Os poemas são meio surdos e as imagens a princípio
não são de ninguém. O olho é que inflama. A imagem
chuvisca. Os poemas também mas a imagem arrisca.
O poema incendeia, reconsidera, desiste. Nem a espiral
de um ponto de vista ardentemente perseguido nem grãos
de luz sem destino. O olhar exploratório ainda não é a
imagem. Os poemas são sapatos. As imagens emborcam.
Os poemas são ardências, são porradas. Imagens não
perdoam, o poema trespassa. A palavra rompe a mordaça,
a imagem nem sempre resvala, espera. O poema diz
em nome próprio no parco som das cordaturas.
O espaçamento nos libertará do duplo laço? Mas isso
ainda não é o poema. A imagem regateia. Os poemas
persistem. Abelhas e todo um mundo a ser envenenado.
Imagens duplicam antigas provas de existência.
São escamosas, são amargas, são Medéias. Os poemas
são cansaços. As imagens apodrecem. Os poemas são
incensos, esvoaçam. Poemas ofendem. Imagens acusam.
Epifania é um encontro na luz, uma imagem pode ser
isso e ser também o seu contrário. O poema alastra.
A imagem recua. O poema excita. A palavra é gasta,
a imagem encrua. A imagem puxa o corpo pelos cabelos,
o poema, o punho o logro. No poema eu respiro contigo.
A imagem é sempre outra coisa. O poema vela.
As imagens nos despojam do sudário. Tudo começa
numa cova ou na chispa do artifício. A imagem trincha,
o poema entumesce. Acontece no silêncio de uma
imagem ser escudo. O poema é de plástico. A imagem
suborna, é o floema, o influxo, o caldo. Nem todo
desenho é imagem. O arco do poema enverga a prosa.
A imagem transtorna, vem no vento que espalha os papéis.
O poema glosa. O poema é uma devassa, desce pelas coxas
enquanto a imagem diz vem, é agora. O poema na sombra
das coisas. A imagem cheia de moscas. Vem, é agora.

Um milagre não tem nada a ver com perspicácia.
Marina Tsvetáieva

Chega em algodão galalaico acompanhado de um burrinho em dobra de lenda o paraíso sem molde de gesso apenas algo que chega a uma cidade encouraçada como um amolador de facas chegaria entoando a balalaika tendo a candura por modelo e a necessidade por conduta – o mais além flagrado por lente tão terráquea. Aquém aqui o olhar foi retido – extremo ocidente em que me perco. O burrinho é um retrato em seu pleno direito de existência. Um animal sorri ou será o fim do mundo? É o rosto dele e não o Cristo a anunciar os milagres nas frestas nas feridas. Alguém assovia a primavera o tempo contorna a sanha de um menino furta-nêsperas uma moça em reverência presa nas dobras do agasalho. Tudo pontua e rasga o sagrado (para melhor confirmá-lo?) serão atalhos? serão clivagens? são ideias? e tudo jaz no presente feito a jarra d'água sobre o mármore a diferença ali onde o pintor apenas dispõe os tons. Quando o sagrado desce à terra, nós, os distraídos, os condenados, os atrasados, os aprendizes da ante-sala.

> *É como se, com cada uma de minhas cartas,*
> *eu entrasse cada vez menos em contato contigo*
> Ghérasim Luca

Não são meros exemplos: ratos mortos subindo escadas um dia ocuparão o quarto inteiro comerão o pouco de oxigênio desta casa todos os livros sem orelhas uma luz de fim de mundo espera que o dia termine que tudo se afaste que o pensamento desmaie sobre as dúvidas e nós também num sono sem sonhos enquanto o silêncio cresce como uma placenta em torno de tudo o que é falível e tudo é falível um gracejo um gesto nossos textos o foco da imagem as barbas do diabo saindo pela janela se o real fosse também o verdadeiro (o diabo abrindo janelas) haveria uma chuva diferente para cada corpo na hora do desmaio como nos cartoons morreríamos muitas vezes sem espasmo cobertos por sudários por palmeiras toneladas de explosivos sem terrores sem leito sem suores isto também vai terminar sem deixar rastros.

> *Vermelho era a sua cor.*
> *Se não vermelho, então branco. Mas vermelho*
> *É que te circundava*
> *Vermelho-sangue. Era sangue?*
> Ted Hughes

De Jaffa a Djerba marinheiros dominaram em outros tempos a arte de esmagar mariscos.

Chamaram púrpura ao espeſtro que ia do vermelho carmesin ao azul mais raro, tekhelet, azul cruel esquecido dos judeus por tantos séculos, redescoberto por rabinos caprichosos, devotos ao sacro azul das escrituras, suas franjas.

Munido de cochonilhas em busca do vermelho mais perfeito um certo Diesbach e seu amigo Dippel descobriram o azul da Prússia
e enriqueceram.

Paredes vermelhas envolveram o casal no último quarto.

Isso nada tem a ver com Gwyneth Paltrow ou quanto vale o dinheiro.

Was it blood?

Afinal nem era.

O visco cegante de uma cor.

Um olho roubado e atirado vivo contra o rochedo.

Vermelho mas não da Espanha, nem salvias nem
papoulas, erra quando pensa em flamas vigilantes
saudando a chegada das metáforas no jardim.

O que te escapa é sempre: o branco que tudo engole
como a percepção audítiva.

O azul acalma? Se a espiral metafórica não te deixa
sossegar.

Noiva, nuvem, branco clínico do avental das
enfermeiras.

O eco do grîto branco das gaivotas.

Branco-jazente, segredos de mármore.

Azul escuro.

Do lázuli ao cobalto, do petróleo ao safira, deste ao albatroz
desengonçado rei do azur e tudo aquilo que a língua mostra
ou reprime.

O desprazer de abarcar o que está fora.

Do vermelho ao azul o caminho
era mais curto e sinuoso.

Não a reversibilidade infinîta
mas insondáveis transfusões entre
o sangue que corre e a veia
que segura.

Agora pegue um De Stäel e olhe:
o azul arrasta sempre uma sombra.

E nada nunca começa pelo branco.

Ariel de azul plangente, azul silencioso, e como arde.

No branco não havia nada de amarelo.

Não era luz era outra coisa o chamado.

Sombras púrpura trocando silêncios, coagulando o sangue.

Bagas, bátegas, fragas, rangendo a parte de um branco mortífero "a forma imprecisa daquela nuvem (...) toda ela branca como um olho."

Vermelho papa de hemáceas?

Repare agora: nenhuma cor perdura na coisa por mais de três estrofes.

O vermelho-metáfora, vermelho-estigma-e-papoula
vaza pelos confins do olho
como um crime abandonado.

O sangue o outro nome da sombra adocicada
coágulos escurecendo
paredes de cal queimadas como o deserto como
a "surdina do mundo,
delicado e gentil" que nunca dura.

Depois da cor ("numa cova sem sombra") depois do olhar
o metálico do arsênico vibrações de luz num halo de lua
("pós de marfim") ou o brilho das
coisas terrestres atrás dos vidros das redomas.

"Estúpida pupila, tudo tem de deixar entrar".

Os sinais de aviso prévio, sinais luminosos?

Mas se o vermelho é o branco...

O azul repousa sob o rosa e na fuga
dos dias os surdos emîtem sinais aos cegos
que ruborizam sem sombra
de dúvida: "Amor, o mundo
De repente, muda de cor".

> *Um céu pálido, sobre o mundo se acabando em decrepitude,*
> *talvez vá embora com as nuvens.*
>
> Mallarmé

Talvez vá embora com a nuvem a luz que estoura a forma da cidade. Antes existia um aviário, a graça dos tecidos, um céu azul-de-céu, a palavra sublime. Hoje há uma lei para o refúgio à beira rio, o que o olho evita. E mais um corpo retorna à superfície. Penso nos acampados, nos aflitos, no lixo funerário, nas mortes por água, nas entregas loucas, nas moedas, na mão ferida do escafandrista. Penso em anéis de fumo, nos cometas frios, na pupila do cosmonauta, em Ghérasim Luca. Que me dá tantas provas de sua respiração e outras mais difíceis marcas de sua passagem mas não consigo ler. O que o lobo estabelece com o trenó, o apaixonado com o açougueiro, o espadachim com o muro, mas penso em você. Em você mesmo.

> *ninguém sabe o que pode acontecer*
> *se bem que os livros contem tudo*
> Adrienne Rich

Ventava ou era como se ventasse e tanto que o fundo
da cena se seria nossos olhos teimando em se manter
abertos. Pequeno músculo estúpido lutando contra o
tempo. Seria o contrário de tornados revirando Arkansas
Tara Rurîtânia depois aconteceu o relâmpago outras
formas de não ser uma arte. Você me oferecia balas de
alcaçuz dizendo amêndoas, uma época se abriu com
a chegada de cal e de caligem, você sem um dente, eu
sem mandorlas. Ríamos de uma frase de Macedônio
sobre dicionários (onde "divorciado" vem antes de
"solteiro") e decidimos fazer em direção ao sul seguindo
a Ursa. Você escutava o rumor daquele poço, o eco
de um esforço interminável. O pastorzinho cruzava
nosso campo. Um rebanho de ovelhas velhas na cinta
sempre o mesmo pedaço sujo de morcela. O labirinto
do castelo sussurra ainda a mesma névoa? Quando os
lábios racharam cuspi meu sangue no seu rosto, você
arrancou meu olho esquerdo, seu dente caiu. Você falava
sobre pianos afundando na neve, também tentamos ir
ao fundo, congelados. "Veio um silêncio, veio também
um inverno, vieram todos os mares." Nossa educação
sentimental? Em gavetas de mogno em bolas brancas de
naftalina. O ar que circula também tem seu preço. A sala
escura. As últimas palavras fugîram de trás para frente.
Não tivemos nenhuma ideia de improviso, não apareceu
garota de chapéu-panamá cão felpudo barítono com mala
de dinheiro. Neste ponto todos os críticos coincidem: a
graça tensa de uma espera é a iminência da explosão. Não
há retorno avatar duplo sopro regressivo apenas nossos
nomes boiando sobre seus próprios ecos fotogênicos.

Se abríssemos as pessoas encontraríamos paisagens.
Agnès Varda

o fantasma de Kreuzlingen leve como uma lagartixa
pelas paredes leve como um fantasma de Kreuzlingen
leve como o rumor de um sussurrar ainda mais leve
que o fantasma de Kreuzlingen mais leve que o tecido
dos sudários que a ponta da agulha que a primeira neve
que a fuga das ideias que o olhar que trocamos sem
querer mais leve que um sonho moderno de leveza
tão leve que não sentiríamos se nos tocasse de leve o
lábio se abríssemos de leve o fantasma de Kreuzlingen
encontraríamos pessoas abrindo paisagens com gravetos
tão leves que o fantasma de Kreuzlingen leve como uma
lagartixa pelas paredes leve

Só para ter a certeza de que nos entendemos.
Vítor Nogueira

alguma coisa mais verdadeira que grama cresce mas não
é grama um dia como outro parecido talvez igual aos dias
que se parecem com o fim de uma louca sintonia ou com
o pensamento de um apicultor construindo a própria
tumba enquanto cuidadoso amacia as folhas da hortelã
e cospe mel numa história de saltos bruscos em que o
corpo perde o tato e os cavalos trocam de sela sozinhos

alguma coisa abaixo da linha de decepção pedacinhos
de ossos escombros de lenda vilarejos água correndo
em direção aos manuscritos alguma coisa sem vocação
de crescimento não é grama verdadeira nem o falso tem
outra graça o brilho a impossibilidade do canto andar
sem sentir dor ou uma estória onde não haveria chuva
nem os versos que deixei cair na sua mão

O CÉU DE VESTERBRO

Mapa com groenlandêses bêbados

1. na praça
são uns dez
vestindo a estátua
de pedra polida
com cachecóis
mais irisados que
o carnaval de Arequipa

2. o funcionamento da cena
depende
do vento que bagunça os cachos
do sacerdote o ruivo do braço
tatuado NEC ASPERA TERRENT
que
não
para
de
tremer – talvez
precise de um amor sem queima
um passeio até o lago
ou simplesmente desta
banal contemplação –
no carrinho de compras
cães intergaláticos
conversam sobre o que
está no sangue

3. intimamente no sangue
e mesmo você que só veio a acreditar em sangue
por herança consentida
acabou por se render

4. estes são
groenlandêses bêbados
e esta
é a sua pracinha

5. agora são quatro no playroom
do ônibus laranja
estes não tocam violão azul não precisam
de estupor animalidade transcendência quando
trocam catedrais silenciosas
por ternura vomitada
piadas
dificilmente traduzíveis

6. "O que acontece entre nós
aconteceu antes em outros séculos isso
sabemos pela literatura"

7. até à prefeitura
são sete minutos sete minutos
heurísticos
de respiração
ofegante
e o interessante
é que
ninguém pode
se recusar
a respirar

8. ninguém pode se recusar
a respirar o ar
que carrega a alacridade de átomos
do remorso da mulher caolha
(anéis ao invés de crianças)
são sete minutos para durar com
a cidade que passa
pelo
pensamento
nas lebres
que morrem
de bruços em Acapulco

9. também prefiro
quando a morte chega
trivial com poucas
palavras em lugares
feios frios feito
o balcão inox
da lanchonete

10. na pracinha deles
ainda venta
venta sempre tanto
dizem que é por causa de um roçar
de dedos do ruivo tatuado
e um sorriso
mais funesto que o século
(nem Lilian Gish conseguiu com os dedos
o que ela conseguiu
aqui apenas com a força dos olhos)

11. dar nome ao perdido e depois
perder
o nome
mas sobre a mulher caolha
a partir de hoje
congelada para
sempre é impossível
dizer
"a cidade não existe
exceto onde uma árvore de negra cabeleira escorre para
cima como uma mulher afogada no céu quente"

dansk for begyndere

alguém moveu as pedras do jardim você não
vê?
gosto de rir por dentro
de você
enquanto as sombras passeiam
pela casa
de manhã coamos
um café
"tão bom"
o que você diz sempre
faz rodar de novo
a colherinha

Pequena história da fotografia
para Maria e Felix

ei ei ei irmã
veja estes lagos
esta montanha
parda
nada é comparável
a nada
e tudo tem sua multidão
de varejeiras
só a mulher do mercador do rio
não tem nada
ela arrasta os pés
ela arrasta os pés

Anarquia do fantasma

1. (anarquia do fantasma)

um coelho-anão não é uma mulher grávida
a teoria do fotógrafo de Memphis não é
a teoria em que
toda palavra se encaminha
para o centro imaculado
de uma solução original

2. (especificidades do meio)

a mulher pode chegar com
cheiro de shampoo
nuvens de bigode
pés de coelho
sozinha
no vento

3. (contrapartida)

não que a causa de todos os discursos
tenha se profanado
a teoria do coelho-anão
e a teoria do coelho de Pavlov
se entretêm garantindo
formação de público
leitor
de teoria

4. (por outro lado)

toda teoria é um romance onde a trama
se desenvolve inteiramente
dentro da cabeça do protagonista
por outro lado é certo que
o mundo está cada
dia mais
cheio
de terror e medo

5. (o artista recebe estímulos brutos)

a teoria do enredo encontrado
não justifica a apropriação
de modo que você também
poderá passar a vida inteira
observando um coelho-anão sem aprender
a fazer mágica ao-vivo

6. (axioma da objetividade)

a teoria do coelho-anão segundo a qual
o crime do restaurante chinês
não é o crime do restaurante
sírio-libanês declina os
dias muito frios
escuros quando
ninguém quer abrir a boca
observamos parados a luz interminável
e em todos os dias a promessa de
uma noîte de uma outra
teoria de vida

7. (todo controle já não é uma forma de censura?)

se realmente existir uma teoria do coelho-anão
e sua relação indemonstrável com mulheres grávidas
desejamos que uma resposta visual provoque
o mesmo impacto que o vídeo do poeta polonês
procurando a bengala no estábulo antes de sair
para encontrar o estudante a quem prometeu
desvendar o mistério maior das mídias
fluidas e das falsas cartas
de recomendação

8. (referências 1)

o jogo da citação é a única arma
do poeta polonês contra A Educação Das
Crianças Em Um Mundo de Dor
Coagulada

9. (condicional)

se o coelho de Pavlov não é um barco, Ahab, a baleia

10. (referências 2)

há nesta brincadeira uma cidade e um cão manco
cujo dono se define pela frase
"quando saio do cinema não tenho medo de nada
nem da beleza de uma dor coagulada"

11. (suposições)

se uma mulher entrar na sala
o coelho (de Pavlov) começa a roer as próprias patas
se uma mulher não entrar na sala
não haverá suposições

12. (le bon usage)

o coelho de Pavlov
é o contrário
de uma mulher sem contrários

13. (proposição universal)

a teoria do coelho
não pode ser medida pelo
grau de afastamento entre
o demônio da teoria e a anarquia da mulher
enlutada

14. (abdução)

todos os coelhos neste saco são de Pavlov
todo leîtor é um saco

Take away
para Lu Menezes

o céu de Vesterbro não cairá sobre nossas cabeças
nem subiremos até ele com bebês roubados do teto
da igrejinha de Santo Antonio de la Florida
subir e descer as escadas dizendo a verdade
não fará o mundo derreter mais devagar
nem mais venerável nossa dor
o cristalino o que sangra sem explicação
pode acontecer de um pensamento curvo
atravessar a cabeça do garoto de Istedgade 54 e
ele sonhar
com uma arquitetura de arcos botantes
onde hoje há uma fábrica de cerveja
o administrador da Go Go Nights atravessado pelo
mesmo pensamento
sonharia apartamento maior com vista para a pequena
Holanda
sem cortinas de veludo falso — quer sentir o sol nas mãos
enquanto empilha moedinhas de 5 coroas —
quando o pensamento tocar o tímpano (como se o
pensamento pudesse viajar) Miss Thai Thai esticará o dorso
estalará os dedos para dizer não
pela primeira vez ao novo chefe

O céu de Vesterbro
para Felix

três vezes o pinguim construiu o iglu
vestiu os jeans
sorriu cantou
três vezes dançou na neve sobre patins
três vezes seu olho chorou no centro da aventura
é verdade que há coisas que são só imagens mas
aqui um beijo explodiu uma escola
outra espécie talvez surja do fundo
de um amor reconquistado — o Polo Sul
nunca
mais será o mesmo — chegou a hora
de quebrar a cabeça ser
levado ao hospital (ou dentista)
onde o médico (ou dentista)
não sabe curar o falso doente
seu engano

Murimuri, os parceiros longínquos
para o André Fernandes Jorge

penso nas grandes feiras de potlatch e nos pequenos
mercados de editores de poesia da ilha de Woodlark e na
dádiva de não ter que decidir por um momento entre o
mel do pior e o pior mel
penso no infinito comércio intertribal de elogios
poéticos e nos negociantes
de pérolas antes da chegada dos homens de bigode e garbo
penso nas aldeias enfeudadas e na modéstia exagerada do
teu clã
penso nas formas muito solenes de
não dizer e
nos antropólogos ao acaso seus caderninhos ermos
onde alguns anotam o espanto mais bonito que o século
que esse inhame se precipite até eles como outrora
um inhame semelhante veio deles até
nós
penso na ostra-espinhosa-vermelha e nas fórmulas que
não falham nunca
um estado de excitação apodera-se do seu cachorro/crocodilo/cinto
penso nas coisas de ódio e de sossego
antes e depois
do almoço
o cachorro fareja a tua fúria

No jardim de Frederiksberg

algumas crianças amarraram
as chupetas nos galhos mais altos
onde o arrependimento é mais cruel
o planeta telúrico é ríspido
o ponto de não retorno
é uma pulga
com cara de igreja
patas de raposa
sem rabo
a vida é o que é
mas sem Pernille
ele pensa em velejar
se perder em Reykjavik
abandonar a memória nos galhos mais altos
conjurar o álbum
de imagens com Pernille de tweed
férias em Acapulco
Pernille resfriada
caprichos de Pernille
em Mar del Plata
a estória começa a perder o pique
no terceiro tomo ela reaparece como Miranda
Charlotte Van den Blum Condessa de Dunkerke em
versão
pirata
agora
Pernille apenas de cara lavada
apenas uma pedra e um desejo de repouso
no jardim de Frederiksberg
El Gordo sacará do bolso
um objeto

Poema da lâmpada
para Karl

um poema pode começar por
uma bobagem
a morte pode se afastar
ressurgir na voz da sabiá laranjeira
na chuva que molha o cascalho
e não pode ser rasgada
rumor de um vento que expulsa
e não pode ser rasgado
o cheiro da água invade a casa
mexe no chocalho da criança
espalha os papéis
nossos fluxos
da alegria e do
medo
interrompo seu sorriso enquanto abrimos o mato
descemos lances de escada
pedra calcárea onde nada
brilha demais
ou se oculta
da noîte saem besouros alados
uma luz de fadas acende a lampadazinha
de Bulgakov
ligada por Bailly
em outro livro
— que nos persegue feîto um
gato —
reconheço os dias que passam no tom
da sua voz
a calma no lugar da
dúvida
um junquilho
um cravo

para o Leo Martinelli, em memória

dentro do grande bloco de cimento e rampa
um som de amistoso
no Maracanã
"50 poemas como este
são
um livro"
um dia
(você com orientes de um bárbaro no fundo
da mochila
e não
dizia)
desenhamos duas pessoas
separadas por 300 quilômetros
de gorros listrados
haveria imagens citações notas colagens
trechos de canções
era tão fraco como pensamos?
"os nossos melhores silêncios"
isso me arrepia
– agora mais do que antes –
eu gostava muito do seu sorriso
você dos meus brigadeiros

A RETORNADA

> *Tudo isso que reconduzirei ano após ano*
> *como minha essência negativa.*
> Alix Cléo Roubaud

está acontecendo de novo entre o clarão e algo mais leve
que o ar se movendo

é suave agora não sinto sei que seguro meu nome vazio
na ponta dos lábios era para ser um passeio até o lago
mas está acontecendo de novo suspende as cordas nas
alturas no momento mais suave mais agudo ninguém
nunca soube dizer onde se separa o olhar do olho

até a desaparição dos contornos e das formas depois
do fim de todas as imagens e sua sombra onde as coisas
não são mais vistas nem tocadas não há desolação nem
incurável nem a cura o estado é o abandono nenhuma
a voz de quem soube e o diga o corpo que se perde tão
suave agora na ponta de lábios descarnados se afastando
um do outro em linhas muito finas está acontecendo

A RETORNADA

I

alguém abriu todas as portas ligou todas as máquinas
tocou uma espécie de cítara não houve tempo suficiente
para o temor somente a maciez da pele de um soldado
sem saber se a leveza vinha de dentro ou se era do lado
de fora a pura carne em prona de onde (onde?) a
imagem que falta (ali onde as coisas não são nomeadas)
de laços uns dos outros os orgãos se soltando "o que
você sente?" longe das horas o que significa agora
(onde?) "passar pela morte" (como duas escarpas
se cruzando erva daninha de verbo não conjugado)
estranhas regras do falar "meu sangue está podre" como
um rio morto os olhos também sentem calor e frio a
ineficácia das palavras na soleira quando você já não
está em você quem flutua pelos corredores brancos?
"o ideal é o mutismo e a mostração: silêncio e
ostentação do cadáver"

II

alguém flutua pelos corredores brancos algo mais
leve que o ar flutua pelos corredores brancos entre
bramidos de bêbados e atropelados sem testamento a
voz (última tentação da matéria neste mundo) brinca
com as cordas não tem nada a ver com o som lembra?
primeiro a máscara, depois um tubo e uma escara

III

alguém assoviou uma espécie de música acendeu um
sol frio as mãos brancas de um homem que tudo toca
friamente alguém fez uma espécie de cálculo o tempo
rodopiou acima da cabeça dos médicos pelos corredores
brancos passaram cavalos negros negros ruivos cavalos
de Altamira esmagando pulmões de pus

IV

os corpos esquecem? os perturbados passeiam entre
lilases sem nunca conseguir esquecer te reviram te
molham te lavam te penteiam fungos crescem entre as
pernas unhas crescem não perguntam seu nome não há
frio que seja mais metálico suar é proibido incidente
que a visão não se aloje no seu peito frio ou retorne
do fundo sem forma e não do rítmo da figura te
circundará um brilho com um corpo sem nervos antes
de cruzar o último espelho um sorriso tão honesto não
teria nem o direito de existir terra negra terra negra
terra negra a luz que entra pelas narinas e te suspende
não é como dizem terrível este vazio "simply greater
than one can imagine" alguém abriu a porta todas as
portas girou a manivela retesou velas desligou todas as
máquinas e como se traduzisse de uma segunda língua
disse agora você vai respirar sozinha diga o seu retorno
diga o seu nome

V

de noîte o mesmo cheiro de pus e de remédio plástico
dos tubos lactose de luvas a voz de um rosto que te
assiste "sou judia mas carrego este livro de espíritos,
nunca tinha visto alguém da minha idade nesse estado"
duvidar de tudo ou nunca duvidar também são perdas
de ar estranho mesmo é que o coração continue a
bombear o sangue podre sem avisos luminosos sem
avisos quantas vezes confirmar o nome próprio como
um bebê que se batizasse a si mesmo antes do primeiro
choro nunca deixei de estar aqui?

VI

algo me pertencia e foi varrido com o lixo tóxico do
hospîtal naquele quarto vazio alguém eu mesma
minha carne continua esperando que eu retorne nas
cenas finais nos filmes ruins no último instante um
médico ou médica ou enfermeiro ou enfermeira diz
"fique conosco" no abismo do leîto (o que a morte
engole é um ponto) nada geral ou específico nada
suficientemente portátil transmissível o contrário de
uma experiência? não ensina nada nem fará morrer
melhor uma segunda vez é só uma queda dentro da
queda das perguntas e tentar dizer de uma morte que
não mata (o rosto colado no vidro do carro apenas
imagine o mundo sem você) perder a sensação de
sentir e o seu sentido. quem flutua pelos corredores
brancos? não há silêncio nem mesmo a sua ausência
que já não poderá ser dîta nenhum intervalo entre
perguntar e responder entre pensar e ser a visão é uma
película muîto fina esticada sobre a carcaça a pele é um

vasto olho boiando acima da cabeça dos médicos sendo
momentaneamente possível as cartas da perda todas
lançadas de uma vez não escrevê-la mas dizer algo na
sua esquiva companhia.

VII

anos depois depois do jantar falamos sobre literatura
hebraica a intraduzibilidade de Yizhar Smilansky em
Zalhavim quando descreve o cheiro do pôr do sol no
deserto o burrinho puxando a carroça uma plantação
de tangerinas antes da primeira chuva o leitor diz que
nesse ponto das páginas do livro sai um cheiro doce
cítrico o cheiro invade o quarto recobre a pele do
leitor que foi criança naquele mesmo deserto e menino
alérgico agora homem sentiu de novo a mesma irritação
dos poros ardência prurido vermelhidão inflamação de
um texto sobre o corpo

VIII

é tão perigoso falar do que desata? dizer a própria
morte traz de volta espécies de receio de contágio ao
tentar escrevê-la compactuo com ela? convoco-a?
desejo-a? o que mortifica não tem nada a ver com
lágrimas onde não há nada também não há hierarquia
seria preciso mais de uma vida para dizer a confusão
mental de não esgotá-la tudo o que empurra arrasta o
fundo sem forma alguém abriu todas as portas desligou
todas as máquinas retirou a máscara e com uma voz de
cristal e ópio "você sabe onde está agora?"

POSFÁCIO
Heloísa Buarque de Hollanda

Quando Laura Erber me entregou os originais de *A Retornada*, dei uma primeira olhada e, ato contínuo, senti um encantamento pelo lugar (perigoso) a que Laura me conduziu naquela hora. Contei a ela. Por isso, certamente, o convite para escrever este posfácio.

Encantamento não deve ser explicado, por correr o risco de ser desfeito. Me vi então, procurando um lugar para dizer alguma coisa sobre essa poesia. Não seria o da análise crítica ou o da professora buscando procedimentos textuais e poéticos. Eu queria só ler e olhar (sim, esta poesia pode ser olhada como uma imagem) o texto de *A Retornada da Laura*. Saí à procura disso.

Nesses tantos anos que leio, leio e releio poesia, percebi que, de alguma forma, em algum momento, o poeta nos dá uma pista de como quer ser lido, como quer ser amado. Ao mesmo tempo, sinto que um poema é tanto melhor quando a versão do autor não coincidir completamente com a versão do leitor.

Comentando o livro e seu título, *A Retornada*, Laura me disse coisas graves. Contou sobre os vários retornos expressos nos poemas. Retorno de um coma induzido, retorno ao poema, retorno a antigos textos escritos na Dinamarca, retorno a seus autores de referência. O título faz jus à explicação. O livro também. Sinto que prevalece um eterno voltar à experiência sensorial do que seria a entrada e a saída do coma. Uma vivência real de morte sentida e expressa, em certos momentos, na sintaxe, no ritmo, na asfixia.

Respeito e até concordo com a versão da autora, mas não foi aí que essa poesia me pegou. Ou encantou. Parei na primeira epígrafe, e dela não consegui sair. *Posso escrever poemas? Por uma espécie de contágio?*, Sylvia Plath.

Exatamente essa poeta, Sylvia Plath, cuja circunstância da morte roubou, injustamente, a cena de sua poesia. Mas é uma pista. Assim mesmo, esqueço a morte e vejo um pedido de permissão para escrever. Como se não fosse suficiente, pede permissão ainda para o *como* escrever: "por contágio?". Foi isso a sugestão do contágio. Alguma identificação. Mas não totalmente. Peço a Laura que me permita ler por contágio. De um jeito mais fácil do que a relação que se estabelece entre o poema e suas epígrafes. Não sou poeta. Sou professora. Sigo o texto, cheia de perguntas, acostumada que sou com essas leituras lineares das aulas de literatura.

Antes, não quero me esquecer de mais um comentário da autora. Diz ela não saber precisar o gênero deste livro. Com a difícil tarefa de tentar formalizar pela linguagem a perda da forma do corpo, afirma que pode ter feito um ensaio, um texto em prosa, poesia. Como professora, ajudo a autora: é poesia. E não vou explicar agora, porque essa não é minha função aqui.

A questão do gênero literário não me parece um problema. O mais difícil, pelo menos o que me pegou em cheio, foi um desejo de representar, pela linguagem, o abandono da ideia de pertencimento. Difícil isso.

O livro vem dividido em três partes: *Espécies de contágio*; *O Céu de Vesterbro* e *A Retornada*. É interessante observar que essas partes não correspondem a uma ordem cronológica.

A primeira me parece uma procura de fôlego — leituras, releituras, escutas, diálogos com textos estudados, apenas lembrados. A exposição plena ao contágio.

A segunda, um recuo no tempo, releitura provável de textos engavetados, escritos da Dinamarca, um viés viajante, um olhar que descobre, estranha, desenha cenas improváveis, anota, percebe tons, sotaques, cores, espaços. Essa parte se sustenta sozinha e é curioso vê-la ali, colocada exatamente no meio, quase impedindo, interrompendo, o que seria o desenvolvimento do projeto dessa poesia. Ao mesmo tempo, *O Céu de Vesterbro* não está fora do lugar. Claramente, a inclusão, nesse lugar preciso, desses poemas de gaveta, escritos à distância, é ainda releitura da memória de velhos significantes, ritmos. Mais uma espécie de contágio agregado.

Volto à primeira parte, aos contágios. Com quem *A Retornada* precisa se contagiar/contaminar para dizer o poema? Pergunta que me fiz. Escolho a estratégia de examinar as tantas epígrafes deste livro. Não sei se dou conta. Vamos lá. A lista é grande. Após Sylvia Plath, a primeira epígrafe é um verso de um dos mais belos poemas de Heiner Müller, dramaturgo conhecido por criar uma trama cerrada de imagens, emoções e informações cujo efeito é o de uma aproximação limite (invasiva?) autor/leitor. Diz a epígrafe, "As imagens significam tudo a princípio. São sólidas. Espaçosas." Responde a poeta: "Imagens não perdoam, o poema trespassa. A palavra rompe a mordaça, a imagem nem sempre resvala, espera".

Já no segmento seguinte, diz Marina Tsvetáieva: "Um milagre não tem nada a ver com perspicácia". Marina foi uma poeta e tradutora russa do século XIX, suicida, que, segundo a crítica, escreveu o mais espantoso poema de amor do século passado. Parece que isso sugere (por quê?) à poeta o Burrinho pintado por Giotto, que ecoa num verso *Aquém aqui o olhar foi retido - extremo ocidente em que me perco*.

Na sequência, Ghérasim Luca, também a experiência do limite na criação, também suicida, também procurando — o enfrentamento com a palavra, com a imagem e, sobretudo, com a possibilidade de descarnar a palavra, expressando o excesso de vida que leva à morte *e ao fim provável dos terrores*. E olha que não falei de Lehrstücke, tão caro à Luca! Diz a epígrafe: *É como se, com cada uma de minhas cartas, eu entrasse cada vez menos em contato contigo*. Intuitivamente, e de forma que não consigo demonstrar aqui, sinto que, nesse momento, Laura encontra o seu poema, ainda que prossiga na busca com subsequentes contágios. Vem Ted Hughes e a discussão sobre cores a quem ela reage com um verso lindo: "O que te escapa é sempre: o branco que tudo engole como a percepção auditiva". Vem Mallarmé e sua escritura que rompe/esgota as práticas da palavra, vem Adrienne Rich, vem Agnès Varda, mulheres, feministas, poetas da palavra e da imagem. E Laura: "Não há retorno avatar duplo sopro regressivo apenas nossos nomes boiando sobre seus próprios ecos fotogênicos".

Sempre leitura/contágio insistente, pesquisando o ritmo do sopro e os ecos das imagens em poetas, transgressores ou suicidas.

Enfim, chegamos ao fechamento desta parte de contágios, extraído da poesia do poeta português contemporâneo, Vitor Nogueira, de forma razoavelmente categórica: *Só para ter a certeza de que nos entendemos.*

Com esse verso, e depois da pontuação em *Céu de Vesterbro*, chegamos no ponto que desejávamos alcançar. Ainda não. Mais um contágio – meio atrasado – se impõe. Claramente visual. Alix Cléo Roubaud, fotógrafa extraordinariamente singular, também de morte precoce, dirige a próxima cena: *Tout cela que je reconduirai année après année comme mon essence négative.*

Partido tomado, o texto torna-se coerente, cronológico e rápido se coloca, em oito fragmentos, a pergunta insistente sobre a intimidade possível com a morte, sobre a possibilidade da viagem do corpo pela palavra-imagem.

Este não é certamente um trabalho conceitual. Também "não é a teoria em que toda palavra se encaminha para o centro invisível de uma boca em movimento", mas não seria totalmente tolo ver aqui alguma relação com a epígrafe-mestra *Posso escrever poemas? Por uma espécie de contágio?* de Sylvia Plath, cuja circunstância da morte, repito, roubou, injustamente, a cena de sua poesia. Arrisco dizer que no final da leitura deste conjunto de poemas, experimentei solidária com Laura e com Sylvia, digamos, um momento-vendeta, no qual, agora, é a poesia que rouba a cena da morte.

Acho que ainda não disse nada sobre *A Retornada*, ofício que me coube aqui. Resumirei de forma despropositada e truculenta: o que apresento aqui é uma poesia, com leve instabilidade, de uma mulher que se surpreende falando sozinha ao tentar dizer o prazer do prazer de se imaginar meio morta. Poesia belíssima, Laura.

SOBRE A AUTORA

Escritora, artista visual, editora e professora de teoria e história da arte da UNIRIO. Suas obras foram exibidas em diversos museus e centros de arte no Brasil e na Europa (Fondació Miró, Le Plateau, Jeu de Paume, Grand Palais, Casa Européia da Fotografia, CIAP Vassivière, Museu de Arte Contemporânea de Moscou, Skyve Ny Kunstmuseum, Palais de Beaux Arts de Paris, Centro Cultural Banco do Brasil, MAM-Rio). É autora de *Esquilos de Pavlov* (finalista do prêmio São Paulo de Literatura e do Prêmio Jabuti, 2014), publicado pela editora Alfaguara em 2013 e *Os corpos e os dias* (finalista do Prêmio Jabuti na categoria poesia em 2009) lançado pela Editora de Cultura em 2008). É também autora e ilustradora dos infantis *Nadinha de nada* (Cia das Letrinhas, 2016) e, em parceria com Maria Cristaldi, lançou em 2013 *O incrível álbum de Picolina, a pulga viajante* (editora Peirópolis). Em 2015, com o crítico Karl Erik Schøllhammer fundou a editora digital Zazie Edições, voltada para livros de arte, teoria e crítica. Traduziu para a Carnaval Press o livro *23 cartas a um destinatário desconhecido*, do poeta Ghérasim Luca.

© Relicário Edições
© Laura Erber, 2017

CIP —Brasil Catalogação-na-Fonte | Sindicato Nacional dos Editores de Livro, RJ

E657r
    Erber, Laura, 1979-
        A Retornada / Laura Erber. — Belo Horizonte:
    Relicário Edições, 2017.
    60 p. ; 12,5 x 21 cm.

    ISBN: 978-85-66786-56-9

    1. Poesia brasileira. I. Título.
                                  CDD B869.1

COORDENAÇÃO EDITORIAL | Maíra Nassif
CAPA, PROJETO GRÁFICO E DIAGRAMAÇÃO | Caroline Gischewski
REVISÃO DOS PARATEXTOS | Lucas Morais
REVISÃO DOS POEMAS | Laura Erber e Maíra Nassif

Relicário Edições
www.relicarioedicoes.com
contato@relicarioedicoes.com

1ª reimpressão [2018]
1ª edição [2017]
Esta obra foi composta em Mrs Eaves e Novecento Wide
sobre papel Pólen Bold 90 g/m² para a Relicário Edições